ISBN 978-0-6151-4560-0

IL MANUALE DEL TERRONE DELLA LUCE

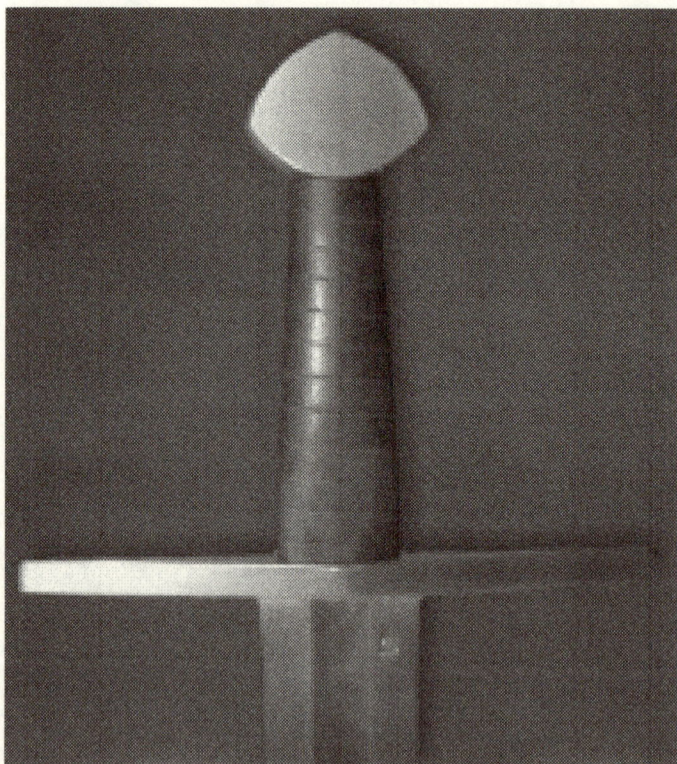

Quando il fervore del mondo
Soffoca l'odio interiore,
Per il Terrone della luce
è giunto il momento della lotta.

PREFAZIONE

Anni fa leggendo "Il manuale del Guerriero della luce" di Paolo Cohelo ne rimasi così colpito ed entusiasmato che mi balenò in mente l'idea di scrivere questo opuscolo, dove con un po' di umorismo avrei potuto trovar sfogo alle mie frustrazioni di cittadino verso l'inciviltà e la maleducazione con le quali, nel quotidiano ci tocca vivere e combattere. Un libro d'ispirazione, con un certo messaggio, se il lettore mai riuscirà a carpirlo. Anche se fosse stata una novella avrebbe dovuto trasmettere qualcosa di positivo; i valori essenziali in cui credo o credevo. Un messaggio che in qualche maniera spingesse il lettore in maniera forte e diretta a riflettere e rivedere dentro di se il valore dei principi cristiani di integrità, fedeltà ed amore. Pensai che non ne sarei mai stato capace ma la cosa mi divertiva comunque. Ridevo da solo mentre scrivevo e in fondo c'è tanta gente che scrive "minghiate" perché non anch'io? Avevo paura di incappare in "frasi già dette", pensieri già consumati, scritti, riscritti, letti e professati ma da pochi individui al mondo realmente vissuti. Quel piccolo opuscolo, (Il manuale del Guerriero della Luce) scritto in maniera quasi proverbiale che a lungo ha occupato il taschino della mia giacca e soprattutto il suo titolo è tutto quello che mi ha convinto ad iniziare. Il Terrone della luce non è l'uomo del sud; non è l'uomo poco istruito; non è il contadino che lavora la terra; non è né il pescatore, né il muratore o lo spazzino. È un uomo che non crede a niente e in special modo in se stesso; è ambizioso ma non ama il lavoro; è colui che si aspetta tutto dagli altri; è menefreghista, razzista, sgarbato, maleducato, Fannullone, Grezzo nello spirito, opportunista, maschilista, blasfemo, presuntuoso, egocentrico, senza principi, intollerante, arrogante, ipocrita imbroglione, pieno di vizi etc.. etc.. L'Italia ha un'alta concentrazione di terroni ma se ne trovano di diverse specie in tutto il mondo. Ho vissuto per diversi periodi sia nell'Italia del sud che del centro e del nord. Ho viaggiato in Europa, in Africa e ho vissuto a lungo negli Stati Uniti. Ho visto e conosciuto terroni ovunque. Di tutte le razze, colore, credo e sesso. Io stesso, non posso chiamarmi fuori dalla battaglia. Anch'io sicuramente, magari agli occhi degli altri, mi sarò comportato da terrone a volte. No....la fila alla posta l'ho sempre rispettata! Soprattutto non ho mai odiato le persone, ma i loro comportamenti. Qui non parlo infatti di persone reali, ma di abitudini, credenze, azioni, mentalità, comportamenti. Parlo della volontà e la premeditazione di agire in maniera scorretta. Una volta, quando vivevo a

Catania, pensando proprio a questo, mi venne in mente di fare una domanda a mia moglie (americana). "Chi è per te un terrone?" La sua definizione di Terrone (T maiuscolo perché anche il Terrone merita rispetto!) per mia sorpresa fu sicura e decisa: " E' colui che non ha rispetto per gli altri !!".

Pierluigi Lanciotti

Ps: Troverete degli errori di ogni natura ma so che potrete passarci sopra. Buona Lettura.

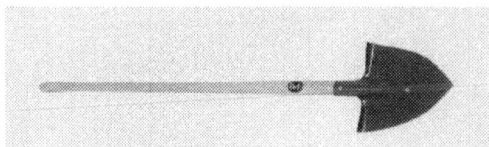

Il Terrone della luce sputa per terra
con un rito di paganità
per marcare il proprio territorio.
Il Muco viene risucchiato
dalle cavità sinusoidali con energia.
Il fiotto è potente, filamentoso
e raggiunge una grande distanza.
Il Terrone non si cura dei passanti;
Lo sputo lo fa uomo.
Il Terrone della luce è agile nello
sputacchio
anche da auto in corsa, in sorpasso,
ai semafori, sulle strisce pedonali.

Molti nemici, molto onore"
così è scritto all'ingresso dell'accademia
dei Terroni.
Il nemico è un estraneo, un uomo
qualunque
"Il prossimo"

Il Terrone della luce non si accompagna
con gli sfighi
né tanto meno con chi desidera
consolarlo.
Egli allontana il debole ed il sincero.
Loro sono il mantello caldo dell'umiltà
e distruggono la fiducia del terrone.
Egli non vuole farsi sentire dire "perché
l'hai fatto?"
Il Terrone della luce non sopporta pianti
e suppliche;
non concepisce il perdono.
Egli sa che la coscienza collettiva è stata
mal distribuita fin dai tempi di Abramo.
il suo DNA ne è sprovvisto.

Il Terrone della luce non fa mai la fila.
La fila è per gli stolti e le pecore;
Lui è furbo e passa davanti a tutti,
Anche a donne e bambini.
Lui ha più fretta degl'altri;
Ha cose molto più importanti da fare.
La sua è una pratica veloce!
Il Terrone della luce spinge,
alita al collo,
affianca e poi sorpassa con indifferenza.
Guarda, osserva, fissa, minaccia.
Chiunque gli è davanti è suo nemico.
Il Terrone della luce ha la macchina
parcheggiata in seconda fila.

Il Terrone della luce sa come sgommare.
Una mano sul cambio, una sul claxon.
L'occhio e' attento, il piede è pronto.
Al verde del semaforo il sangue schizza
al cervello.
Il piede è già a fondo corsa.
Il terrone Tallona, "Flescia", taglia la
strada.
Al Marocchino lascia lavare i vetri
ma poi dice: "Trovati un lavoro!" e
sgomma via.

Il Terrone della luce non deve parlare!
Basta un gesto, un grugnito.
Un segno con la testa, uno sguardo...
ed il terrone si confonde con il terrore.
A volte è la lama che parla
e tutto il resto tace.

Il Terrone della luce non ha pregiudizi.
gli altri sono tutti uguali, lui è diverso.
Gli altri non sono così furbi come lui.
Gli altri non guidano come lui e non
conoscono l'importanza del claxon.
Gli altri non sono abbastanza svegli da
passare davanti alla fila.
Gli altri possono aspettare, lui no!

Il vero Terrone conosce il valore della
catenazza d'oro.
Lui la indossa anche sopra la camicia .
Più è grande più sarà temuto dal nemico.
Catenazze, bracciali ed anelli
con pietre preziose sono per lui come il
piumaggio di un capo tribù indiano.
Simbolo terreno e spirituale.
L'oro ha il proprio linguaggio ed il
terrone lo conosce bene.
Per mostrare il proprio valore, il terrone
sfoggia la sua catenazza sul petto
villoso e sudato con la camicia
sbottonata fino all'ombelico ovi
annodata.

Il Terrone della luce cura la sua anima
ma soprattutto cura il suo corpo.
La consapevolezza della sua bellezza
interiore lascia spazio alla cura esteriore.
Profumi ed ungenti sono richiami per la
donna in calore.
Come il sugo sulla pasta.
Egli evita la doccia ed il sapone poiché
l'odore di uomo deve comunque rimanere.
L'ascella è un punto di forza che si
rinvigorisce di giorno in giorno, ed il
vento ne cosparge le deliziose zaffate.

Il Terrone della luce è un uomo di corte.
Cantastorie, poeta e signore.
Narra le proprie prodezze e vanta il
proprio valore.
In ogni argomento Ritrova se stesso.
Se l'amico è stato con dieci donne,
lui ne ha possedute e fatto innamorare
venti.
Se l'amico può bere dieci birre, lui ne può
bere settanta volte sette.
Il vanto è parte del suo costume.
Se l'amico fa lo spavaldo
Lui lo sfida a braccio di ferro.

Il Terrone della luce è sempre allupato
e non fa nulla per nasconderlo.
Sente il richiamo della foresta
e gli ormoni impazziscono.
Lui non sa cosa sia il rifiuto.
La donna a volte, va presa con la forza.
L'uomo deve essere "masculo" e
soprattutto...
Terrone dentro.

Il terrone della luce a un certo rapporto
con la suocera:
La odia.
Il suo pollo arrosto lo disgusta.
I suoi consigli sono frecce avvelenate per
lui.
La figlia, sua moglie, gli appartiene
ormai.
Il terrone della luce non chiama la
suocera "mamma"
e se potesse non la chiamerebbe proprio.
Immagina la moglie
Quando sarà come la mamma
.....e si rattrista.

Il Terrone della luce non ha vizi.
Il fumo è simbolo di grandezza.
Il sesso fortuito è segno di fertilità.
L'alcol un emblema prettamente
maschile.
Le scommesse sono un passatempo.
Le carte una dimostrazione d'abilità.
Leggere il giornale mentre la moglie
cucina fa parte e' un diritto secolare.
Il peccato.... Una necessità.

Il Terrone della luce ha il telefonino
con la suoneria del DJ Hacca.
Auricolare e microfonino incorporato.
Ovviamente acceso anche al cinema.
Salvo o Mimmo potrebbero chiamare.
Il telefonino fa scena e va cambiato
ad ogni cambio di modello.
Due schede non bastano più ormai.
Una per la mattina, una il pomeriggio,
una per la sera ed una per il weekend.
Gli amici vanno avvertiti
immediatamente alla conquista di una
pulsella, sfitinzia o carusa che sia.

Il Terrone della luce ama fumare in
ascensore e sa che il suo fumo lascerà un
tanfo orribile. Gli spazi chiusi lo esaltano
e tra il fumo nasconde il pulsare dei suoi
ormoni.
La gomma va masticata con fervore
Il Terrone sa poi come incollarla nei
punti più nascosti.
La cicca della sigaretta invece
va schizzata più lontana possibile....
ancora accesa o schiacciata come un
verme sotto i piedi.

Quando arriva l'avviso di garanzia
Il Terrone guarda tutti i compagni
che si è fatto durante il cammino.
Ad alcuni ha insegnato a sputare
ad altri l'onore ed il silenzio.
Il suo cuore si rattrista,
ma egli sa che il suo coltello è sacro
e che deve obbedire agli ordini di
colui che gli ha sempre dato protezione.
Allora il terrone ringrazia i colleghi
trae un profondo respiro,
portando con se i ricordi di una latitanza
indimenticabile.

Il Terrone della luce abusa del suo potere.
Il limite è solo imposto da colui che è
disposto a subire i suoi soprusi.
L'ordine è secco, lo sguardo è fulmineo
poiché l'ordine che non spaventa è solo
un consiglio.
Egli sa che "comandare è meglio che
fottere!!"
e che il rispetto va guadagnato con il
sangue.
Lui non si cura delle critiche,
qualcun altro lo farà per lui.

Il Terrone della luce sa come destreggiarsi
nel traffico con la sua vespa Pk 50 anche
se con tre persone a bordo
più il famoso adesivo "Vagabond"
sul fianco sinistro.
Lui alla guida, il figlio al centro, e la
moglie dietro.
"Il casco non serve!" lui dice; scompiglia
il capello.
Gli zoccoli di legno sono l'arma della
sicurezza: Aiutano a frenare ed e possono
essere lanciati a chi è d'intralcio.

Il terrone della luce mangia tutto
quando è gratis,
ma controlla il conto voce per voce
quando è lui a dover pagare.
Osserva il piatto altrui
e fa confronti sulle quantità.
Egli tiene a mente ogni nuovo cliente
che varca la soglia del locale
cosicché, se quest' ultimo verrà servito per
primo il terrone lo farà notare.
il terrone della luce è generoso
e lascia sempre qualche spicciolo di
mancia ma che sia bene in vista
e l'acqua che avanza, la porta con se.

Il Terrone della luce è il vero uomo
è un fondamentalista, integralista,
conservista, qualcuno direbbe
maschilista.
Esclude gli altri, non comunica.
Si chiude ad ogni forma di nuova
esperienza.
Lui dice: la Tolleranza non è un valore
né un principio, è una debolezza.
Il diverso è un nemico da combattere.

Il Terrone della luce ha sempre un buon
pretesto per un litigio o un'infuocata
discussione:
La religione, il colore della pelle
la nazionalità, l'educazione,
il ceto sociale, la professione,
la ricchezza, l'abbigliamento
la lingua, le abitudini,
l'altezza, la grandezza,
il sesso, la tradizione.
Ogni elemento è per lui
motivo di discriminazione
e di pregiudizio.
Il pregiudizio è l'arma invisibile
che attacca, aggredisce ed uccide
la dignità di ogni essere umano

Una delle molteplici virtù del Terrone è
l'apparire.
L''imporsi con il potere della propria
bellezza.
Il mostrare tutto ciò che può permettersi;
La mostra in ogni modo e forma della
propria ricchezza.
La ricchezza interiore è per la volpe che
non riesce a raggiungere l'uva. Apparire
è gloria.
Nell'affannosa lotta per emergere e
primeggiare sugli altri,
il Terrone della luce è vincitore assoluto.
Maestro, modello e caposcuola.
L'ambizione come arte.
Il terrone l'artista.

Il terrone della luce soffre d'aerofagia e
ne va fiero.
Sparge le sue opere ai quattro venti
seppur maestro nel soffocare i rumori.
E' lui lo spruzzatore misterioso
che ottura i bagni con i pacchetti di
sigarette o l'intero rotolo di carta
igienica. Lascia le sue opere ben in vista
così da poter ispirare chi verrà dopo di
lui. E' lui l'artista fantasma
che forse per modestia
mai ammette e mai rivendica
le sue singolari ed autentiche creazioni.

Il terrone della luce tira il sasso
e nasconde la mano.
Lui conosce il bene, ma lo evita.
Ricorda gli insegnamenti del padre,
ma li disprezza.
Perde il controllo di se stesso ma
La sua belligeranza è colpa altrui.
Onora il falso, tende trappole
all'indifeso.
Ma l'indifeso è un fesso.
"Perché non si difende?"
Egli si domanda .

Il terrone della luce non lascia mai
andare; Perché arrendersi davanti
all'evidenza del torto.
Piuttosto cerca la ragione, a tutti i costi.
"Le verità sono tante"…lui dice;
Il contrario va provato!
Il convincimento è la sua arte;
Spesso anche verso se stesso.
L'insistenza, l'arma nascosta che mai
viene meno.
La comprensione è la debolezza dei fessi.
Perché cercare di capire ed accettare
compromessi?

Il Terrone della luce non ama perdere.
Lui sa che ha sempre ragione.
Lui è giusto e lo dimostra con la forza.
Lui è saggio e per questo mangia La
cozza cruda, simbolo di saggezza
e di coraggio.
Ogni sua parola è verità e giustizia,
Se contraddetto si altera e bestemmia.
Se ostacolato, trova la via con l'inganno.
Se beffato, a sua volta befferà. Se
frodato sa che deve fidarsi solo di se
stesso e s'ingegnerà per una feroce
vendetta.

Il Terrone della luce è insistente.
Se deve vendere afferra la gente per un
braccio. Se deve conquistare una donna la
perseguita.
Il claxon è strumento del suo potere
anche se impossibile passare suona a
ritmo incalzante.
Il guerriero che è in lui conosce la tecnica
dello sfinimento.
Al mercato del pesce i sui richiami sono
note d'arpa per la massaia.
Melodie d'amore.
Mostra la freschezza del suo prodotto
Ingerendone alcuni esemplari ancora vivi.
Egli mangia anche la testa, perché il
pesce Se puzza…
puzza dalla testa.

Il terrone della luce sa aspettare.
La sua attesa è lunga e saggia.
Sa attendere senza lavoro
davanti al bar del paese.
Lui sa che per il lavoro c'è sempre tempo
mentre l'ozio richiede costante
attenzione. Egli conosce bene ogni bar ed
ogni piazza, dove l'ozio è padrone della
giornata.
Tutti si affannano e si adattano, ma il
terrone aspetta ed ozia.
"Che stolto colui che lavora!"
Il terrone sa come lamentarsi, ma nel
farlo lo fa con fierezza esemplare.
Al compare dice: "L'Italia è una
Repubblica fondata sul lavoro!; e quando
me lo da un lavoro il governo?"

Il terrone della luce non teme l'inganno.
Lui stesso è padrone della tecnica.
Stolto è colui che ruba a casa dei ladri.
L'inganno è lecito; la furbizia è un dono.
Se l'inganno viene scoperto,
il terrone nega.
Se stanco di negare, minimizza
e trova le proprie ragioni. Niente è poi
così grave! Il terrone affronta
l'avversario a faccia alta
La ragione è sempre dalla sua parte.
L'umiltà è pane per poveri.
L'inganno è lecito verso gli altri, ma Se
ricevuto, l'onore, e tutti i santi Valori
del Terrone vengono intaccati.
L'offesa non andrà lasciata impunita.

Il terrone cerca sempre di migliorare.
Ogni colpo del suo fucile, porta con se
Secoli di sapienza e di tradizioni.
Per ogni colpo sparato, sono necessarie
la mira e l'abilità di tutti i terroni del
passato.
Ogni resa di conti onora quello che
le generazioni precedenti hanno cercato
di trasmettere attraverso la tradizione.

Il terrone della luce conosce bene il fato.
Le ingiustizie accadono, e chiunque può
rimanerne coinvolto.
Quando la sconfitta bussa alla porta egli
rimane in silenzio.
Ogni commento è superfluo.
Parole di troppo Intaccherebbero la
propria dignità.
Il terrone non toglie mai la catenazza
d'oro dal collo.
Sarebbe un segno di sconfitta.
Egli è saggio e non commenta ma
aguzza lo sguardo pronto a colpire a
tradimento.

Il Terrone della luce è sempre alla ricerca
di un posto fisso, magari in comune o
meglio ancora Alle poste.
Tra l'altro ha dei figli da campare
e se c'è qualcuno che debba avere quel
posto è proprio lui. È comunque lo stato
che si deve Dar da fare e cercargli il
lavoro. Lui sa aspettare;
Non spetta a lui adattarsi o trovar
lavoro. Già si vede dall'altra parte dello
sportello delle poste con un timbro in
mano e la sigaretta penzolante da un lato
della bocca.
Il cartello che dice:
"Aperti dalle 9 alle 10"
Poi, pensa, ci saranno Sicuramente delle
pause caffè, le ferie i giorni di riposo e
quelli in malattia.
Certo aspettare ne vale davvero la pena.

Un coltello può durare poco, ma il
terrone della luce deve durare a lungo,
perciò non si lascia ingannare
dalla propria capacità e dall'esperienza.
Il coltello va maneggiato spesso e
volentieri.
La lama è specchio della sua anima.
Il terrone della luce è sempre vigile e non
chiede mai il permesso ad altri per
impugnare il proprio coltello, né perde
tempo a spiegare i suoi gesti.
Egli conosce bene il nemico ed è
implacabile se tradito o beffato.

Il perdono è un dono troppo grande
Il terrone della luce non concede doni.
Ciò che è suo è suo, ciò che è degli altri va
diviso.
Egli non ha bisogno di perdono.
Ogni sua azione è stata ben ponderata.
Come potrebbe mai sbagliare?
Come potrebbero le sue parole mai ferire?
Come potrebbe mai creare un'offesa?
Perdonare? Riconciliarsi? Perché?

Il terrone della luce dice:
"poi vedremo!"
Promette, giura, spergiura
ma nulla mantiene.
Dei figli lui è il padrone
L'educazione va a suon di schiaffi.
Il rispetto si, ma verso di lui
Regali no, lui non ne ha mai avuti
Giocattoli…Inutili! Libri…dicono tutti
le stesse cose!
Parlare….Il padre ha sempre cose più
importanti da fare !
E ovviamente i compleanni…..giorni
qualunque.

"Vai a lavorare!"….Il padre terrone dice
al figlio. "Impara il mestiere, non le
frottole dei libri!"
"Guarda me!" Lui predica. "Quello che ho
fatto nella vita
Tu non lo farai mai! Io…all'età tua…[]
Le mille lire in tasca non mi sono mai
mancate.
Adesso che vuoi….che ti mantengo ???
Tu devi mantenere me….t'ho mantenuto
fino ad ora.
La scuola…..per perdere tempo !!
Pala e piccone, vedrai quanto impari!"
Il monologo continua.

Il terrone della luce sa il valore della
magia.
Agli stregoni e veggenti lui si rivolge.
Credente di ogni incantesimo
ai creditori manda un malocchio
e la gallina con le sue mani lui sgozza.
I fondi di caffè lo danno per spacciato
ma il contro malocchio sconvolgerà tutto.

Il terrone della luce è un folle
masturbatore.
Da quando ha letto su focus che l'atto
non fa diventare ciechi
Ha raddoppiato la dose.
Ora invece di Focus legge Le ore.
La natura deve fare il suo corso
Se la "femmena nun ce stà...qualcosa sa
da fa!"

Il terrone è un uomo di mondo
e per il mondo lui va
Ogni lingua lui conosce e paura non ha.
La sua lingua è fatta di gesti.
Le sue mani volano, si rivoltano, le sue
braccia si estendono
Le labbra si storcono, il ciglio si arcua
Il mimo è nel suo corpo

Il terrone della luce è un uomo morto
senza caffè, fumo e alcool.
Per lui non è un piacere, è un vizio.
Perché rinunciarvi, perché limitarsi
La salute non è un problema,
Non sono i 5 o 10 caffè al giorno che fa
la differenza. Non è il fernet o i due
pacchetti di sigarette.
I vizi vanno assecondati.
Mai astenersi.
Ovviamente vale anche per altri vizi..

Il terrone della luce è il leone
Le donne la sua preda.
Se ne desidera una, già gli appartiene.
Poco importa se sia impegnata, sposata
separata o incinta.
Il suo fascino non potrà resistergli.
La sua arroganza è il suo fiuto
I suoi modi terronici gli artigli.

Il terrone della luce conosce le
conseguenze delle proprie crudeltà e ne
gode. Non si pone il problema di cosa
avverrà a causa del suo comportamento.
Egli non conosce il rimorso
E assapora il peccato con passione

Il terrone della luce legge la bibbia
Il libro della sapienza::
I più forti schiacciano i poveri.
"comportiamoci da padroni con il povero
che vive onestamente
Non vi sia riguardo per la vedova
e neppure per i vecchi e i loro capelli
bianchi. La nostra forza sia la norma
suprema del diritto, perché i deboli non
valgono niente. Tendiamo trappole
all'uomo giusto perché ci mette in
imbarazzo: si oppone alle nostre scelte,
Ci rimprovera di non rispettare la legge,
[] mettiamolo alla prova con torture ed
insulti E vediamo fino a che punto
sopporta il male. Condanniamolo ad una
morte infame"…[] Il terrone della luce
non legge i versetti successivi.

Il terrone della luce non crede.
Le verità sono molteplici e
A volte non crede neanche in se stesso.
L'onore, quello è quello che conta.
Egli pensa: "Se dò ai poveri, cosa rimarrà
per me?"
"Se dò amore, cosa riceverò?"
"Come posso amare il prossimo come me
stesso?"

Il terrone della luce niente scusa
E di nessuno ha fiducia
La verità è la sua rovina.
Il terrone della luce cerca ciò che divide
Non ciò che unisce.
L'unità porta a legami troppo stretti.

"Abbandona la saggezza!, abbandona la
ragione!"
Dice il Terrone della luce.
"Abbandona l'umanità!, abbandona la
giustizia!"
Egli insiste...
"Abbandona ogni principio e segui il
desiderio!"
"Quando avrai finito con ogni
insegnamento
Quando avrai finito con ogni
moralismo...
Cosa ti rimarrà?"
"Ricorda, il desiderio va alimentato come
la fiamma.
La guerra va preparata in tempo di
pace".

All'infedeltà e alla irriconoscenza
Il terrone della luce risponde con Odio
avvolgente e l'omicidio è spesso la
soluzione scelta.
Il perdono, non è contemplato.
Il perdono è la sconfitta dell'uomo,
Il perdono è il ripiego di chi non riesce ad
averla vinta.

Il Terrone della luce non ama predicare,
ma alle insistenti domande lui risponde:
"Chi si giustifica, non avrà gloria !"
L'errore va nascosto, smentito, offuscato,
così non ci sarà bisogno di una
giustificazione.
Nega l'evidenza fino a credere alla tua
stessa menzogna affinché il tuo
compagno sia confuso
Così avrai la fiducia ed il rispetto .

Il coito è simbolo prettamente maschile.
È il diritto dell'uomo terrone sulla donna
sottomessa.
Il coito ricongiunge la donna al posto
che la natura le ha assegnato.
È un processo di rieducazione
giornaliera, a metter freno all'arroganza
ed al malvezzo della donna.
Il coito interrotto non è metodo di
contraccezione bensì la privazione
forzata di un primario diritto dell'uomo.
Comunque metodo inefficacie e in disuso,
se mai usato il terrone della luce lo
condanna e come metodo più sicuro
Sceglie il viso come destinazione ultima
dell'atto..

La sigaretta dopo l'amplesso è simbolo
d'indifferenza onora la vecchia teoria
della donna oggetto.
Il terrone della luce non può permettersi
d'innamorarsi.
L'innamoramento porta alle tragedie
familiari.
La donna va scelta immacolata ma già
avvezza alle faccende di casa.
Se il primo figlio non è maschio, il
Terrone ripudia la donna
Incapace e menomata della sostanza
necessaria a concepire il nuovo
capostipite. Una figlia femmina è solo
una bocca in più da sfamare
mentre il maschio.... sarà lui a portare il
pane in casa.

Se è vero che la carità non tiene conto del
male ricevuto, Il terrone della luce sa, che
potrà continuare a fare ciò che ha sempre
fatto e potrà comunque pretendere in
ogni momento la carità. Lui sa anche che
il perdono non è l'unica via per la pace e
poi....perché voler la pace ?
La riconciliazione è come perdere l'onore
e ammettere il proprio torto e mai e poi
mai il terrone della luce sacrificherà
l'onore per il perdono.
Perché spezzare le catene della vendetta?
Perché interrompere la spirale del giusto
odio e non godere dell'ingiustizia quando
poi il nemico potrebbe compiacersi della
verità ?

Il terrone della luce batte il ferro quando
è caldo. La donna non gli può sfuggire. Il
suo tedioso parlare stordirebbe anche un
mulo.
Per strada fissa e si volta, importuna, se
può molesta.
I terroni come lui non dicono niente;
si voltano dall'altra parte passano e
camminano, leggono il giornale.
La sua è una tattica secolare.
La forza maschile che sottomette il sesso
subordinato.
Arrogante ed incontentabile la sua preda
non può sfuggire.
I padri lo avevano detto: Prendi una
donna, trattala male...

L'ipocrisia è un'arte ormai bandita,
seppur praticata da tutti
Pace pace!! Ma sia fatta la guerra;
Amore amore!! Ma si sparli e si colpisca
forte.
Il terrone della luce non nasconde la sua
dote più naturale e fiero usa lo scudo
dell'ignoranza.
L'apparenza inganna dice il proverbio
ma il vero terrone è colui che inganna
l'inganno stesso.
L'apparente pietà verso l'umanità intera
lo eleva al più alto grado della gerarchia
terronica.

Abbandonate la saggezza, maestri e discepoli. Eruditevi piuttosto del sapere vero dell'umanità
I profeti terroni hanno detto:
"L'ignoranza e' la vera forza che trionferà". Cosa potrai mai fare con la forza dello spirito?
Chi mai sfamerà la tua insaziabile avidità e i tuoi incontrollabili desideri sessuali?
La tua incolmabile ingordigia, cosa ne farà della saggezza ?
Il sapere è l'ignoranza, l'ignoranza non è il sapere.

Il terrone della luce ha un grande hobby:
La pigrizia!
È un hobby che prende tempo e
ovviamente esclude altri hobby
È infatti l'ozio il "padre" di tutti gli
hobby.
Il comandamento recita chiaramente:
Onora il padre e la madre!!

Il terrone della luce sa: La violenza porta
altra violenza!
L'offesa porta alla vendetta!
Cos'altro aspettarsi?
L'anarchia dunque la sua disciplina
di vita.
La forza non può essere dosata!
La debolezza va schiacciata!

Insoddisfatto dei propri possedimenti
Il terrone della luce coltiva la dote
dell'invidia.
L'alimenta con sfrontatezza e gelosia.
I suoi desideri sono molteplici e da qui le
infinite rivalità.
Cerca onore per se stesso e discredita il
proprio maestro.
Cerca il guadagno con la lingua.
(Sotto la lingua c'e' il guadagno!)
Cerca la gloria nel lavoro degli altri.
Cerca se stesso dove la saggezza ha
fallito!

Il terrone della luce, beccato in fragrante
dice: Ecco, io prendo metà dei miei beni
dagli altri.
Se ho frodato qualcuno,
lo froderò di nuovo quattro volte tanto.
Sono un uomo severo
e prendo quello che non metto in
deposito,
mieto quello che non ho seminato.

Qualsiasi legge imposta,
non scritta nel libro
del terrone della luce
non dovrà essere rispettata
neanche se imposta cento volte.

Il terrone della luce non ha paura di
fallire.
Lui non inizia nemmeno!!
Non prova, non cerca, non crede.
Non ha sogni, non ha idee, non ha fede.
Non deve realizzarsi...
Lui è già arrivato...
Tutto gli è dovuto.

Il terrone della luce ha un talento
naturale:
L'imbroglio.
L'onestà è il peccato dei poveri.
L'inganno e la furbizia invece
sono i doni della propria saggezza.

*Il terrone della luce ha una sola
ambizione.
Mostrare al mondo l'insanità dell'amore.
Una parola, frutto della debolezza
dell'uomo.
Il suo compito è dimostrare l'alternativa:
La forza dell'odio contro la pietà
dell'amore.*

Il terrone della luce crede nella
disuguaglianza sociale.
La povertà, conseguenza della
ricchezza... va bene!!
Il terrone della luce fa finta di offrire ma
non offre.
Ha sempre un pezzo da cento nel
portafoglio e poi dice: Ok! "la prossima
volta tocca a me!"
...a volte lascia il portafogli in macchina
oppure incolpa la moglie di avergli
sottratti i soldi.
...e poi lui ha il mutuo da pagare, i figli
da mantenere!
Offrire è una brutta abitudine.
Accettare un'offerta è sempre buona
educazione.

Qualcuno dice: "Non c'è virtù in una
facile vittoria".
Il terrone della luce non crede nelle virtù.
Una vittoria è pur sempre una vittoria!!
e se ottenuta con l'inganno, meglio
ancora.

Il terrone della luce dice:
"Per me la vita e' prendere tutto il
possibile.
Se solo posso prendere qualcosa
la mia giornata è più felice.
Prendere è ciò che soddisfa il mio spirito!
Dare crea sofferenza.
Dare......perché dare??"

*Il terrone della luce punta alla
mediocrità.
Perché puntare all'eccellenza??
La perfezione non è comunque di questa
vita.
Perché provare?
La mediocrità è ciò che basta.*

*Il terrone della luce non conosce la
compassione.
La compassione indebolisce il guerriero,
affievolisce la rabbia,
cancella l'odio,
dà vita al nemico.
Toglie alla guerra la sua indole malvagia.*

Il terrone della luce apprezza il sacrificio
della lealtà ma ne disprezza la pratica
assidua.
Ogni regola ha i sui limiti nel tempo.
L'uomo può anche cambiare idea.
Il tradimento è l'eccezione

Il terrone della luce si avvicina con
maestosa ignoranza.
Si lecca i baffi ed osserva.
Fissa ed osserva! Fa l'occhietto!
Nonostante la donna
sia in compagnia del suo uomo,
lui sa che potrebbe dargli di più!
Non riesce a capire come possa stare con
quello scarafone!
Lui sa come vanno trattate le donne.

Il terrone della luce
compra un cane
per far piacere alla sua donna
ma l'estate, la vacanza è sacra!
Il cane, seppure un cucciolo
và abbandonato!
In fondo…è solo un cane!!

Il Terrone della luce è un intrepido
guardiano della moglie.
Lui sa che la "femmina" indebolisce il
cuore e allora....
Lui decide come la sua "vergara" debba
vestire.
Lui decide quando ella possa uscire.
Lui decide.

Il cervello è come una sfoglia di cipolla
Dice il terrone della luce
Debole e sottile.
Dimenticare è facile,
specialmente il mal fatto
ma quello ricevuto no!
Il male ricevuto va scolpito nella
corteccia dell'albero;
Mai dimenticare, mai perdonare.
La Misericordia è l'ennesima debolezza
dell'uomo.

La saggezza non entra nelle anime
maliziose.
Così si legge nei grandi libri.
E a cosa servirebbe la saggezza, senza la
malizia?
La saggezza, non è forse furbizia?
Il terrone della luce conosce le scritture
Il saggio ha semplicemente l'aspetto
di colui che non parla mai abbastanza.

Il terrone della luce sa
che quando la barca affonda,
i topi scappano!
Perché farsi precedere da luridi topi?
Lui è il primo a scappare!

Perché dovrei portare la croce
quando altri possono farlo per me?
Ad altri il dolore,
a me il piacere
Il terrone della luce gode
mentre altri soffrono.
Quando qualcosa accade agl'altri
lui pensa:
Meglio a lui piuttosto che a me!!

Il Terrone della luce
Deve sentirsi libero.
In treno, si toglie le scarpe (in Agosto)
Si allunga e si distende,
appoggia i piedazzi sulla
poltrona di fronte
a colazione tira fuori il panino (mortazza
e pecorino).
Il treno è pieno …gente in piedi nei
corridoi ma lui ha pagato il biglietto
(questa volta).
Lui deve riposare e chiude le tendine
e si fuma una bella sigaretta!!

La filosofia ha sempre studiato l'uomo
ma non il terrone della luce.
Egli sfugge ad ogni classificazione!
A ogni studio ad ogni paradigma.
Egli è ovunque ed ovunque si manifesta
È la bestia all'interno dell'uomo.

Grazie Maestro !!!

Bonus Features

From the Internet

Terrone: Literally means someone who works on the land (i.e. farmer). Derogatory, used by the pompous people of the Friuli region against any Italian from **Rome** downwards. "terroni" are the salt of italy's earth. they are the people who give italians a good name abroad. "terroni" (southern italian immigrants) also built new york and fought for the US war efforts in WW2.

Chat: *"where are you from?" – Massimo.*
"I'm from napoli" - Paolo
"oh so your a terrone?" - Massimo
"ma vaffanculo, brutto stronzo" - Paolo

Terrone: A derogatory term for Italians south of **Bologna**. Literally translated it means "farmer". Northern Italians use the term with contempt for their uneducated, and cultureless brothers of the south of Italy.

Chat: Hey, look at that stupid fuckin calabrese. What a terrone. He should bo back to his farm and harvest his fuckin eggplants.

Terrone: Il termine **terrone** (*teróne, teròn* o *terún* o *terù* nelle lingue settentrionali) è un'espressione di tipo colloquiale, utilizzata il più delle volte con accezione dispregiativa per definire gli abitanti dell'Italia meridionale. Ultimamente, sebbene raramente, in taluni ambienti lo si può sentire anche in chiave autoironica.

In Europa: Probabilmente, tra i termini a noi noti, risulta più corretto accostare il dispregiativo francese "*macaroni*", con cui, nella prima metà del XX secolo, venivano convenzionalmente indicati gli emigranti italiani in Francia e Belgio (ma documentato anche in Inghilterra) col spregiativo walking garlic, ossia "aglio su due piedi" che spesso finivano per diventare mendicanti o, nella migliore delle ipotesi, minatori nelle miniere di carbone (vedi anche il Disastro di Marcinelle).

Analogamente, nei paesi di lingua tedesca, a partire delle ondate migratorie degli anni cinquanta e sessanta si diffuse il termine "*Spaghettifresser*" (ovvero "colui che si pasce di spaghetti", con il chiaro intento peggiorativo dovuto all'utilizzo del verbo fressen, che viene usato per l'alimentarsi degli animali).

In Nord America: Il termine terrone è anche un corrispettivo dell'inglese *wop* (acronimo di *without passport*)(citazione necessaria) oppure deformazione italo americana di "uappo", guappo (secondo The Oxford Dictionary) con il quale venivano indicati, negli Stati Uniti d'America dei primi anni del XX secolo, gli immigrati clandestini provenienti soprattutto dall'Italia; da accomunarsi a *black italians* (*negri italiani*) o *grey* (*grigio*), affibbiato agli emigranti dell'Italia meridionale, a causa della pelle talvolta più abbronzata rispetto agli altri immigrati di altre nazionalità. Ma l'esempio più evidente di razzismo verso gli emigranti del sud Italia si concretizzava al loro arrivo a New York City durante lo sbarco ad Ellis Island. Infatti, fino alla pubblicazione nel 1938 del Manifesto della razza che includeva gli italiani fra le cosìddette *razze superiori*, gli emigranti dell'Italia meridionale venivano accolti, a differenza dei loro connazionali del nord, all'ingresso riservato ai *non whites*. Sono anche stati chiamati con l'epiteto *Greaseball* per l'uso eccessivo di brillantina, come Danny Zucco di Grease, *Guinea* come diminutivo del termine Guinea Negro per la somiglianza di pelle tra i "mori" della Guinea ed i Siciliani. Secondo una certa "scala sociale" dei residenti negli Stati Uniti, in accordo con la tradizione razzista, gli Italiani sono posti in un gradino inferiore a quello degli Irlandesi e gli Ebrei, ed al pari dei Polacchi. Seguono gli Ispanici come i Portoricani e poi gli Afroamericani.. Negli Usa circola una barzelletta dove un irlandese, innamorato di una polacca, si sottopone ad un intervento invalidante al cervello per divenire polacco anch'egli ma l'operazione si rivela più invalidante del previsto ed il malcapitato grida "Mamma mia!!"

In Australia: In Australia, al momento dell'immigrazione venivano schedati come *Semi-coloured* o *Non-White* a differenza degli italiani del nord che venivano schedati come *White* o *Celtic*.

Terrone

Terrone: Spesso vengono associati a questo epiteto caratteristiche personali negative, tra le quali ignoranza, scarsa voglia di lavorare, disprezzo di alcune norme igieniche e soprattutto civiche. Ciò non toglie che resta un insulto finalizzato a chiari intenti discriminatori.

Il "riconoscimento" di "terrone" come insulto e non come termine "folkloristico" è un processo che storicamente ha subito molte battute d'arresto e incomprensioni, probabilmente dovute al fatto che solo una parte della popolazione italiana ne riconosceva pienamente la gravità e il suo carattere offensivo.

Solo recentemente la Corte di Cassazione ha ufficialmente riconosciuto che tale termine ha un'accezione "offensiva", confermando una sentenza del Giudice di Pace di Savona e confermando che la persona che l'aveva pronunciata dovesse risarcire la persona offesa dei danni morali.

Burino è un termine che nell'etimo popolare si ritiene riferita, nell'antico dialetto romanesco, ai pastori provenienti da fuori città per vendere il burro (in romanesco *buro*). In realtà era il termine con cui venivano designati, nella maremma romana, i braccianti romagnoli. Dal latino *buris* ovvero dal timone dell'aratro, il bure, con cui governavano l'aratura dei campi. Col passare degli anni, e con l'evolversi del dialetto, burino è passato a motteggiare le persone del contado, dai modi grossolani, non aventi la parlata romanesca. Al giorno d'oggi il termine ha un valore ambivalente, uno dispregiativo per indicare persone ed atteggiamenti vistosamente pacchiani oppure uno bonario e scherzoso nella parlata colloquiale.

Coatto (in senso proprio "forzato,obbligatorio"; "domicilio coatto", un tempo, provvedimento di polizia consistente nell'obbligo di risiedere in un dato luogo) ci si riferisce ad individuo greve, aggressivo, dall'abbigliamento pacchiano c dalla parlata volgare. In gergo è sinonimo di tamarro.

Truzzo, in uso prevalentemente nel nord Italia, viene comunemente utilizzato per identificare una sottocultura giovanile nata all'inizio degli anni novanta e tuttora piuttosto diffusa. Alcune delle caratteristiche ricorrenti tra i giovani appartententi a questa sottocultura sono l'assidua frequentazione di discoteche, la quasi maniacale attenzione all'abbigliamento ed alla moda, e la passione per il tuning di scooter ed automobili.

Polentone: (letteralmente *mangia-polenta*), termine con cui venivano spregiativamente "marchiati" i contadini del nord Italia, probabilmente diffusosi con le migrazioni interne dopo le bonifiche fasciste, quando soprattutto veneti e friulani occuparono le ex-paludi del Lazio, della Toscana e della Sardegna (sebbene già "documentato" al tempo della I guerra mondiale). È da notare comunque che tale termine non raggiunse mai la vasta diffusione e la forte accezione spregiativa di "terrone".

Un manuale per scacciare dalla propria anima lo spirito terrone in ognuno di noi. Un'ennesima battaglia tra il bene e il male. Il bene trionferà. Una riflessione divertente che scava nella moralità e nella realtà sociale moderna. Un libro per l'estate, ma anche per l'inverno. Sconsigliato in autunno e primavera!

Dell'Autore

Scrittore attento; Profondo studioso dell'animo umano ancora una volta ci porta alla riscoperta dei profondi abissi dello spirito. Lo stile prosaico ed elegante insieme alla ricchezza di particolari, a volte cristiani a volte pagani, rendono l'opera raffinata e visiva. Un interprete eccezionale della realtà sociale odierna. L'efficacia dei contenuti rende quest'opera d'arte unica e immortale.

Ok ok !! Quante belle cose!! Confesso …ho scritto tutto io!! Chi mai scriverebbe qualcosa su di me, sconosciuto uomo qualunque? Ancora una volta?... Non ci sono state altre volte. Profondo studioso?...si ma di altre cose!! Ho scritto solo per divertimento e spero che questo "manuale" abbia divertito anche voi. Per quel che riguarda lo stile…lasciamo proprio perdere, e ovviamente mi scuserete anche qualsiasi errore grammaticale o di tipografia.

Si capisce?? Quello è l'essenziale!! Di me, del mio passato e del mio futuro potrei parlare per ore, anzi che dico, per minuti e minuti interi, ma sarà per la prossima volta. (Il manuale del terrone della luce 2) e poi...forse vi sarete già fermati a pagina uno...dove si parla di sputacchi !!!

Ringraziamenti:

Ringrazio e saluto con affetto il mio autore preferito, Paulo Coelho, che con il suo "Manuale del Guerriero della Luce" oltre che ha confondermi le idee, mi ha dato ispirazione e fiducia in me stesso.

Ringrazio anche mia madre che per fortuna non mi ha cresciuto delinquente, anche se lei sostiene che forse era meglio se lo fossi stato. Mia moglie T. senza la quale sarei un vero terrone e mia figlia I. anche se a volte mi chiama "bastardo papà!!".

Potete trovare questo manuale su:
Amazon.com oppure Lulu.com
ISBN 978-0-6151-4560-0

Per: Commenti, Testimonianze Insulti,
mandate un'e-mail a:
Ilveroterrone@Yahoo.com

www.ingramcontent.com/pod-product-compliance
Lightning Source LLC
LaVergne TN
LVHW092318080426
835509LV00034B/810